SHERLOCK HOLMES

少年大侦探·福尔摩斯探案笔记

草原疑案

Textes: Sandra Lebrun
Illustrations: Patrick Morize

〔法〕桑德哈·勒布伦 编
〔法〕帕特里克·莫里兹 绘
李丹 译

深圳出版社

内容导航

人物介绍

悠悠
福尔摩斯的侦探犬

马奇
华生的宠物猫

柯柯
雷斯垂德探长的鹦鹉

飞塞罗
赫德森太太的斑鸠

夏洛克·福尔摩斯
私家侦探

华生医生
福尔摩斯永远的朋友

雷斯垂德探长
伦敦警察厅最好的探长之一

赫德森太太
福尔摩斯的房东

任务说明

草原上发生了一起离奇的案件：

狮子大王的王冠竟然不翼而飞！

福尔摩斯把这个案件交给他最可靠的搭档——侦探犬悠悠。

不过，要完成任务，悠悠还需要你和几位好朋友的帮助。

| 悠悠 | 马奇 | 柯柯 | 飞塞罗 |

在探案过程中，

不要放过任何蛛丝马迹，

别忘了使用**过滤镜**。

如果出现这个图标，就请拿出你的过滤镜，用它来
观察那些隐藏在红色阴影中的线索。

准备好了吗？赶快翻到下一页吧！

悠悠正等着你！

神秘信件！

今天早上，鹦鹉柯柯把一封密信交到了雷斯垂德探长手中。探长看到这是一封来自非洲的信，他拿起放大镜仔细阅读信中的内容。

为了助探长一臂之力，你需要使用过滤镜观察下面的红色阴影，找出每个符号对应的拼音字母，将对话框中的拼音补齐，再加上合适的声调，就能看懂这封信。

这是谁?

雷斯垂德探长正在好奇信中的大王究竟是谁,当他翻到信的背面时,看到了一幅未完成的画。

把图中的数字按照从1到20的顺序连接起来,帮助探长完成大王的画像。

新案件

雷斯垂德探长立刻赶到福尔摩斯和华生居住的赫德森太太家中。刚进门，柯柯就迫不及待地想向它的侦探朋友们讲述发生的事情，可是，柯柯却看不到它们……

拿出你的过滤镜，在红色阴影中找到飞塞罗、马奇和悠悠。

福尔摩斯先生，有一起案件要委托给您！

离奇的故事

雷斯垂德探长正在向福尔摩斯和华生介绍案情。柯柯、飞塞罗、悠悠和马奇也认真听着，它们要为查案做好准备。

收拾行李

就这么定了！悠悠、马奇、飞塞罗和柯柯，4位动物侦探先出发去非洲大草原，福尔摩斯和华生随后与它们会合。赫德森太太正在帮悠悠它们收拾行李。

拿出你的过滤镜，在红色阴影中找到马奇和悠悠行李清单上的物品。

出发！

侦探们准备好行李，福尔摩斯和华生预订的出租车已经在门口等待。福尔摩斯看着门口这些男士，究竟哪位是他们的司机呢？

帮助福尔摩斯找出正确的司机，他有：

一把伞

一顶黑色的鸭舌帽

一条粉红色领带

一副圆形镜框眼镜

惊心动魄的旅行

出发了！可天气情况不利于飞行，飞行员需要躲过雪花，穿越云层。

拿出你的过滤镜，帮助飞行员找到去非洲的航线：
正确的航线上没有雪花。❄

草原之王

旅途顺利，悠悠、马奇、飞塞罗和柯柯4位伙伴来到非洲大草原，它们很快就找到了狮子大王。不过狮子大王正在睡午觉，侦探们不敢惊动它。这时，悠悠看到一群幼狮在附近玩耍……

拿出你的过滤镜，帮悠悠找到红色阴影里的幼狮，一共有几头呢？

嗷呜

　　狮子大王被声音吵醒了，打了个大大的哈欠。柯柯和飞塞罗看见狮子大王锋利的牙齿有些害怕。而悠悠看到狮子大王面前那堆吃剩下的骨头，忍不住舔了舔嘴唇……

数一数，下图中一共有多少根骨头？

嗷呜呜呜！

相遇

狮子大王听说侦探们来了，很高兴，它向侦探们讲述失窃案发生时它正在睡觉……这时，两头母狮觅食回来，嘴里还叼着刚捕获的食物，柯柯和飞塞罗吓得躲了起来。

先用过滤镜观察红色阴影部分，看看柯柯和飞塞罗藏在哪里，再找出两头母狮的5个不同之处。

一条线索

悠悠询问两头母狮案发时有没有发现什么，可母狮们当时也在睡觉，什么都没看见，不过一头母狮记得当晚听到了某种动物的声音……于是，它用爪子在沙子上画出这种动物的样子。

把图中的数字按照从1到20的顺序连接起来，看看母狮画的是什么动物。

从这里出发

侦探们开始在地上找长颈鹿的脚印，它们想顺着脚印的方向找到这只长颈鹿。

拿出你的过滤镜，帮4位侦探找到有长颈鹿脚印的正确路径吧。

长颈鹿的脚印

有趣的目击者

侦探们顺着脚印来到一棵大树下，树上有一群猴子，悠悠向猴群询问长颈鹿的去向，可是每只猴子都指着不同的方向。

把每只猴子和它们对应的影子连接起来，没有影子的那只猴子指的方向是正确的。

是谁在这里？

侦探们听了猴子的建议来到一个泥塘旁，可是长颈鹿不在这里。

这时，有个家伙跳进了泥塘里，溅了周围所有动物一身泥！

用你的过滤镜看看，有哪些动物被溅了一身泥？然后根据不同圆点数对应的颜色，给下图涂色，找出那个跳进泥塘的家伙。

河马的帮助

河马从泥塘里走出来，它想为侦探们提供帮助，悠悠问它有没有见过长颈鹿。

长颈鹿在哪儿？

悠悠、马奇、柯柯和飞塞罗继续寻找长颈鹿。根据河马提供的信息，长颈鹿应该就在不远处。

拿出你的过滤镜，帮侦探们找到长颈鹿。你能看到它吗？

总算找到了！

4位侦探太高兴了，它们终于找到了长颈鹿！柯柯和飞塞罗飞过去，询问长颈鹿有没有看到是谁偷走了狮子大王的王冠。不过长颈鹿回答得含含糊糊，好像有些犹豫……

请你帮柯柯和飞塞罗找到答案。拿出过滤镜观察长颈鹿说的话，看看是"有"的个数多，还是"没有"的个数多。

长途跋涉

长颈鹿有了主意，它准备带侦探们去找斑马询问线索。4位侦探紧紧跟着长颈鹿，免得在这茫茫大草原中迷失方向。

请你按照下面图例的顺序前进，帮长颈鹿找到走向斑马的正确路线，途中不可以沿对角线跳格。

斑马群

它们顺利来到斑马群所在地，长颈鹿想找到它的斑马朋友扎布。可是这里的斑马太多了，扎布究竟在哪里呢？

快来帮长颈鹿找到斑马扎布，它是下图中唯一不是双胞胎的斑马。

小心耳朵

终于找到斑马扎布，悠悠正准备问它是否知道有关王冠的事情，扎布却突然大声嘶叫起来……

子 母 怕
我 狮 害

把对话框中的字组成一句通顺的话，第一个字是"我"，看看扎布说了什么。

重新开始

显而易见，这条线索追查下去也不会有什么结果。悠悠它们决定回去找狮子大王，也许会有新的发现。

拿出你的过滤镜，沿着红色阴影中箭头的方向前行就可以找到狮子大王。第一个箭头已经在图中标注了。

新的线索

　　侦探们刚回到狮子大王的栖息地，狮子大王就迫不及待地带它们去王冠被偷当晚狮群睡觉的地方。果然，在这里发现了非常有价值的线索。

　　拿出你的过滤镜，看看是什么吸引了狮子大王的注意，也许有些脚印本不应该出现在这里……

嫌疑人名单

柯柯和飞塞罗看到这么大的脚印感到非常惊讶。母狮思索了一会儿，给马奇提供了一份生活在草原上的大型鸟类名单。

拿出过滤镜观察树叶，画掉母狮说出来的鸟类名称，剩下的3个字按从上到下的顺序能组成一种鸟的名称，你知道是什么鸟了吗？

鹈鹕(tí hú)

鹳(guàn)

苍鹭(lù)

继续调查

在路上，悠悠它们遇到一个牧民，他很想帮助侦探们找到灰冠鹤。但在提供线索之前，牧民要先找到他的羊群，并把羊群赶回村子。

拿出你的过滤镜，帮牧民找到正确的路：
就是那条羊粪最多的路！

酷暑难耐

搞定了，羊群被顺利赶回村子。牧民邀请4位侦探到他家里休息一下。

根据下方不同形状对应的颜色，
给房子涂上颜色吧。

休息片刻

当4位侦探在阴凉处休息时，牧民正忙着给山羊挤奶。把所有的桶都装满，他们就可以去寻找灰冠鹤了。

拿出你的过滤镜观察一下，还有几个桶没有装满？

再次启程

　　牧民带侦探们来到一座蚁丘前，从这里出发走向不远处的草丛，也许能在那里找到灰冠鹤群。

用过滤镜观察下图中的石头，按照箭头指引的方向走，就能到达草丛。

一个令人不安的地方

慢慢走进草丛，悠悠、马奇、柯柯和飞塞罗却感到有些不安，总觉得有人躲在高高的草丛后偷窥它们。

快用你的过滤镜仔细搜索草丛，如果发现有谁在监视侦探们，大声喊"当心"！

快跑！

悠悠和马奇拔腿就跑。飞塞罗和柯柯挥动翅膀飞到半空中，这时它们终于发现了藏在草丛中偷窥的动物！

按照不同点数对应的颜色，给下图涂色，看看你能找到什么动物。

不用害怕

原来草丛中的大鸟就是侦探们要找的灰冠鹤。柯柯和飞塞罗这下放心了，可是悠悠和马奇却不见了。柯柯和飞塞罗开始寻找它们。

拿起你的过滤镜，一起来找悠悠和马奇吧。

齐聚一堂

　　4位侦探终于集结在一起，飞塞罗和柯柯带领它们的伙伴找到了灰冠鹤群。出乎侦探们的意料，这里不仅有灰冠鹤，还有鸡冠鸟和鹈鹕。悠悠觉得这样太好了，因为它们可以问到更多线索。

帮悠悠找到所有灰冠鹤。
一共有几只呢？

王冠在哪里？

灰冠鹤说它们头上有自己的羽冠，鸡冠鸟说王冠对它们来说太大了。不过，鹈鹕有长长的喙和大大的喉囊，王冠会在里面吗？

拿出你的过滤镜，帮悠悠看看鹈鹕的喉囊里有没有王冠。

步入正轨

领头的鹈鹕赶来了，它从喉囊里取出一件在牧民村庄附近找到的东西。侦探们都很好奇，这是什么东西呢？

把图中的数字按照从1到19的顺序连起来，你就能知道这个神秘之物是什么。

狮子大王回来了

所有的鸟一下子都飞走了！原来是狮子大王回来了，它给侦探们带来了一条新线索。

把狮子大王说的话从最后一个字开始向前读，就能理解它的意思。

毛羽根7了到找们子狮小

线索汇总

好极了！这些羽毛显然是某种鸟类的，这对侦破案件非常有帮助。
悠悠和马奇把它们搜集到的线索汇总到一起进行讨论。

帮助悠悠和马奇补全下面的表格，每一行和每一列都必须包含4种不同的图案。

调查进行中

飞塞罗和柯柯出发去找福尔摩斯和华生，但它们不知道正确的路线，不过草原上的角马也许能提供帮助。

观察这些角马，多数角马面向的方向是正确的，你知道应该往哪边走吗？

急中生智

悠悠和马奇顺着之前的线索，需要找到在案发现场留下羽毛的鸟。可悠悠和马奇太矮了，它们需要站得高一点。悠悠灵机一动有了个好主意：它们可以站在别的动物身上。于是，狮子大王叫来了它的大象朋友们。

找一找，哪头大象可以载悠悠和马奇？那头大象不是最矮的，也不是最高的，而且它在两头大象中间。

艰难险阻

当马奇和悠悠寻找线索的时候，福尔摩斯和华生正准备穿越草原与它们会合。可是，路途并非一帆风顺……

快拿出你的过滤镜，帮福尔摩斯找到没有蛇的那条路。

向前进

侦探小组的人员终于到齐了，大象打算带侦探们去一个它们还没有搜寻过的地方。大象知道鸟儿们都在那里筑巢。

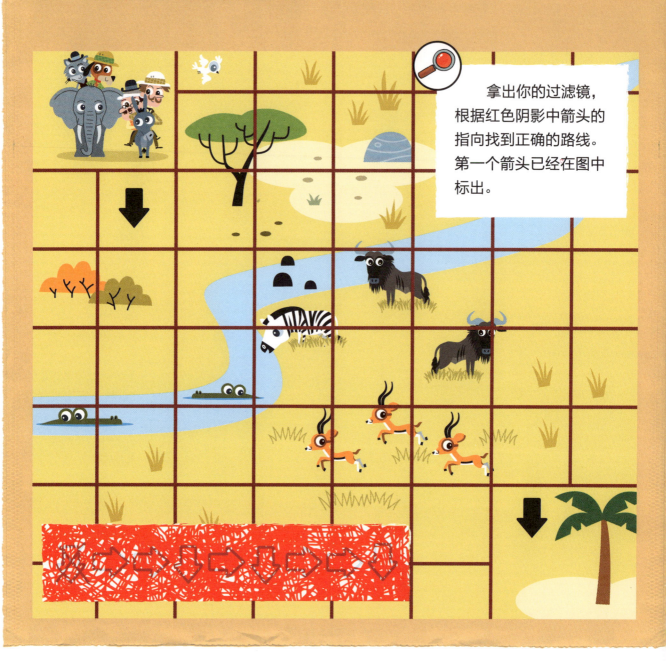

拿出你的过滤镜，根据红色阴影中箭头的指向找到正确的路线。第一个箭头已经在图中标出。

在那里

"这不是幻觉，"福尔摩斯兴奋地说，"前面是一片绿洲！"这时，大象指了指前方一棵特别的棕榈树。

帮悠悠找出那棵独一无二的棕榈树，其余棕榈树都是成双成对的。

目标近在咫尺

站在棕榈树下，悠悠和马奇看着树冠，希望能发现什么蛛丝马迹，但刺眼的阳光让侦探们看不清楚树上的东西。柯柯和飞塞罗决定飞到树顶一探究竟。

拿出你的过滤镜，帮柯柯和飞塞罗看看树冠里有没有特别的东西。

爬上去

福尔摩斯片刻也不犹豫，他扔出4条绳索让伙伴们一起爬到棕榈树上。

按序号的颜色给每条绳索涂色，
看看4位侦探分别拿到的是几号绳索。

喜出望外

王冠果然在这里！不过在王冠上孵蛋的大鸟是谁呢？"是鹳！"华生大声说。福尔摩斯迫不及待地想要知道鹳为什么要偷狮子大王的王冠。

拿出你的过滤镜观察下面的红色阴影，找出每个符号对应的拼音字母，将对话框中的拼音补齐，再加上合适的声调，看看鹳说了什么。

水落石出

鹳把事情的经过告诉了侦探们。案发时鹳着急生宝宝，来不及筑巢，看到王冠就想借用一下，但狮子大王当时在睡觉，鹳就先衔走了王冠，打算等宝宝出生后再来道歉。鹳的宝宝们马上就要破壳而出，它希望再借用几天王冠。

用你的过滤镜看看，鹳生下了几枚蛋？

美妙的奇遇

　　不愧是动物之王，狮子大王同意晚几天再拿回它的王冠。伙伴们都来了，一起庆祝小鹳的出生。

　　此次调查任务圆满完成，福尔摩斯为他们的侦探小组感到无比自豪！

用你的过滤镜找找，一共有几只小鹳？

答案

第4页

信中写道："大王的王冠被偷了！"
（dà wáng de wáng guān bèi tōu le）

第5页

画中是一头狮子。

第6页

第7页

雷斯垂德探长说："这次要去大草原。"

第8页

第9页

红圈中的男士是正确的司机。

第10—11页

第12页

有6头幼狮。

第13页

有11根骨头。

第14页

第15页

母狮画的是一只长颈鹿。

第16页

第18—19页

第20页

河马说："长颈鹿就在后面。"

第17页

第21页

第22页

长颈鹿说了5个"没有"和4个"有"，所以它什么也没看见。

第23页

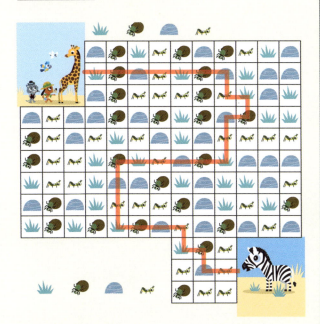

第24—25页

第26页

斑马扎布说："我害怕母狮子。"

第27页

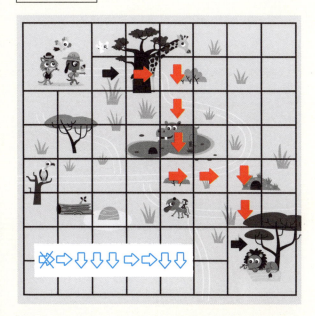

第28页

第29页

灰冠鹤。

第30—31页

第32页

第33页

还有4个桶没有装满。

第34页

第35页

第36页

是一只灰冠鹤。

第37页

第38—39页

一共有15只灰冠鹤。

第40页

鹈鹕的喉囊里没有王冠。

第41页

这是一个口袋。

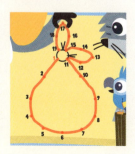

第42页

狮子大王说："小狮子们找到了7根羽毛。"

第43页

第44页

5头角马面向右边，6头角马面向左边。所以正确的方向是左边。

第45页

第46—47页

第48页

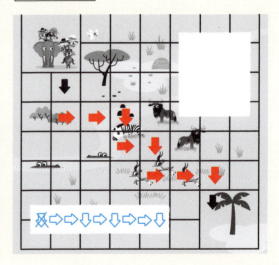

第49页

第50页

王冠在这里！

第51页

福尔摩斯拿的是1号绳索，华生拿的是2号绳索，悠悠是拿的是3号绳索，马奇拿的是4号绳索。

第52页

鹳说："我需要一个巢。"
（wǒ xū yào yí gè cháo）

第53页

鹳生下了5枚蛋。

第54—55页

一共有5只小鹳。

版权登记号 图字 19-2023-027 号

图书在版编目（CIP）数据

草原疑案 /（法）桑德哈·勒布伦编 ;（法）帕特里
克·莫里兹绘 ; 李丹译. -- 深圳 : 深圳出版社,
2024.3
（少年大侦探 : 福尔摩斯探案笔记）
ISBN 978-7-5507-3393-0

Ⅰ . ①草… Ⅱ . ①桑… ②帕… ③李… Ⅲ . ①智力游
戏—少年读物 Ⅳ . ① G898.2

中国国家版本馆 CIP 数据核字（2023）第 209400 号

草原疑案

CAOYUAN YI'AN

出 品 人　聂雄前
责任编辑　吴一帆
责任校对　张丽珠
责任技编　陈洁霞
装帧设计　米克凯伦

出版发行　深圳出版社
地　　址　深圳市彩田南路海天综合大厦（518033）
网　　址　www.htph.com.cn
订购电话　0755-83460239（邮购、团购）
排版制作　深圳市童研社文化科技有限公司
印　　刷　中华商务联合印刷（广东）有限公司
开　　本　787mm×1092mm　1/16
印　　张　4.5
字　　数　50 千
版　　次　2024 年 3 月第 1 版
印　　次　2024 年 3 月第 1 次
定　　价　49.80 元

一起玩转

少年大侦探·福尔摩斯探案笔记

全系列！

● 小小侦探

《农场奇案》《城堡迷案》
《草原疑案》

建议阅读年龄： 5岁以上
重点考验能力： 观察力、专注力、
识数、迷宫

● 经典探案

《环球追捕》《惊天迷案》
《十大案件》《跨时空探案》
《奇妙调查》《埃及奇案》

建议阅读年龄： 7岁以上
重点考验能力： 拼音、算术、
信息处理、线索分析

● 高阶挑战

《追查凶手》

建议阅读年龄： 8岁以上
重点考验能力： 阅读理解、逻辑推理

侦探们的旅程还在继续，更多新书敬请期待……

你是不是把所有案件都解决了？
那么，是时候给你颁奖了！

最佳侦探奖状

表彰 ....

....

....

致以最诚挚的敬意！
伦敦警察厅，
和福尔摩斯

Sherlock Holmes